AF250784

DE L'ORGANISATION DÉMOCRATIQUE

DU

CRÉDIT PUBLIC.

DE L'ORGANISATION DÉMOCRATIQUE

DU

CRÉDIT PUBLIC

OU

Les Instruments de Travail

mis à la portée

Des Travailleurs de toutes les professions.

PAR P.-L. DAVID AÎNÉ

(de Bléré.)

PRIX : 30 CENTIMES.

TOURS,

IMPRIMERIE DE F. BIDEAUX,

RUE DE L'INTENDANCE, 30.

1851.

INTRODUCTION.

Le socialisme, disent les hommes du passé, les privilégiés du vieux monde, est un amas incohérent de doctrines contradictoires ; les chefs des différentes sectes socialistes ne peuvent s'entendre sur aucun des points composant leurs doctrines; en un mot, ils présentent les démocrates aux simples, aux crédules et aux peureux, comme les démolisseurs de la société, de la famille et de tout ce qui est cher à l'humanité.

Ces accusations insensées se sont produites sous toutes les formes et avec une violence extrême.

La mauvaise foi des détracteurs de toute idée nouvelle se montre clairement en ceci, car le socialisme a élaboré et préparé des réformes d'une véritable utilité pratique. On prouverait également que dans bon nombre de circonstances les démocrates ont suffisamment indiqué les institutions que la société réclame dans l'intérêt même de son existence, et nous pourrions rappeler que plusieurs fois des propositions, offrant le plus haut intérêt social, ont été faites par d'honorables représentants du Peuple.

Il est donc faux que le socialisme n'ait enfanté que des discussions stériles.

Le socialisme a sa philosophie comme toutes les autres sciences; — comme toutes les autres sciences, le socialisme doit avoir ses philosophes.

Que beaucoup ne voient dans les divergences d'idées qu'on rencontre chez les plus hardis penseurs, chez les plus forts logiciens, en matière de sciences spéculatives, que des contradictions inconciliables, que la preuve de la fausseté des systèmes mis à l'étude par le socialisme, cela se conçoit aisément, si l'on tient compte de l'ignorance des gens du monde et de la mauvaise foi qui joue toujours un si grand rôle dans tout ce qui tient, de loin ou de près, aux formes et aux institutions sociales.

Quant à nous, personne ne sera surpris que nous prenions la liberté, *très-grande, sans doute, aux yeux de la réaction*, de déclarer ici que nous respectons les œuvres des socialistes dans lesquelles, quoi qu'on en ait dit, nous voyons autre chose que des utopies.

D'ailleurs, depuis deux ans, le temps a marché; la conscience des Peuples s'est éclairée et les opprimés aspirent ardemment au jour de la délivrance.

Préparons-nous donc à sortir de l'ornière de la routine où les mauvaises passions des gouvernants nous ont retenus jusqu'ici avec l'arme des préjugés et de l'ignorance.

Le socialisme est prêt; il tiendra parole à ceux qui n'ont jamais douté de lui, à ceux qui ont toujours vu dans une société, non une agglomération d'individus rapprochés par le hasard, mais une réunion d'êtres intelligents associés pour leur plus grand bien, pour leur plus grand bonheur.

Le socialisme est tellement en mesure d'indiquer les réformes utiles, qu'il a opéré, depuis peu, une véritable révolution dans les esprits.

L'Angleterre même, la vieille Angleterre, ce pays des priviléges, donne en ce moment au monde entier le plus curieux des enseignements : le socialisme s'y révèle hardiment, s'y pose, comme il convient à une puissante doctrine sociale, par la voix des Chartistes.

Les quelques pages qui vont suivre, ne sont que le développement d'idées déjà plus ou moins répandues. Nous avons cru devoir former un tout de ces idées, et offrir à nos concitoyens un plan général d'organisation du crédit public, fondé sur le principe de la solidarité.

Notre conscience d'homme, de citoyen, ne nous permettra jamais de considérer le mal que comme un accident et jamais comme l'état normal de la société.

A une époque où tous les hommes de cœur et de bonne volonté semblent s'être donné rendez-vous sur le terrain des réformes pratiques et véritablement utiles, nous nous permettons d'apporter notre pierre au nouvel édifice social, et nous prions nos concitoyens de voir dans cette œuvre modeste le gage de notre amour pour la grande cause de la démocratie, pour l'émancipation morale et matérielle du Peuple.

Avril 1851.

DE L'ORGANISATION

DU

CRÉDIT PUBLIC.

Un des plus importants problèmes à résoudre dans une République démocratique, c'est l'organisation du crédit public.

Mais avant d'entrer dans le cœur même de la question, nous pensons qu'il est utile d'indiquer quelques principes élémentaires, selon nous, peu connus encore.

Si le sol produisait sans travail toutes les choses nécessaires à la vie, l'homme pourrait vivre des productions naturelles et s'abandonner à la plus profonde quiétude. Dans cette condition, les humains, dispersés sur la surface du globe, croupiraient dans la plus grande ignorance. Pour eux, la vie serait purement animale. Ils ne connaîtraient aucune espèce d'industrie ; ils seraient à l'état sauvage.. En un mot, la société n'existerait point.

Heureusement, il est loin d'en être ainsi. Non seulement le sol ne produit qu'avec le concours intelligent, raisonné, de l'homme ; mais encore les merveilles de l'industrie, ou de la civilisation , *c'est tout un*, ne sont dûes qu'à la science. Ce qui prouve que tout *bien-être* vient du travail.

De sorte que nous aurions pu admettre tout d'abord *que le travail seul est productif*.

Il est évident que le travail est la seule source de la prospérité publique ; que plus le travail est intelligent, plus il est productif, et que toute société est intéressée à développer le travail, source de son bonheur. Or, pour développer cette source du bonheur public, il faut que chacun concoure à une production utile ; il faut que chacun travaille. Car , rester inactif, consommer sans produire , c'est puiser à la source de la *vie publique* sans jamais remplacer le vide qu'on y cause ; c'est, tôt ou tard, anéantir ce que nous avons tant d'intérêt, non seulement à conserver, mais encore à augmenter.

Cependant, pour que chacun puisse se livrer au travail, il faut qu'il ait les instruments de travail. Et , par instruments de travail, il faut entendre toutes les choses nécessaires à la production. Le sol, les bestiaux, les outils, les matières, l'instruction , tout cela doit faire partie des instruments de travail ; tout cela doit être fourni par la société à chaque citoyen, car tout cela importe à l'existence de la société. Le moyen de mettre ces instruments à la portée de tous, c'est le crédit.

Qu'est-ce donc que le crédit ?

Avant de répondre à cette question , fort simple en apparence, on nous permettra d'examiner ce qui se passe lorsqu'un producteur livre à la consommation une partie de sa production. Un boulanger, par exemple, livre un pain moyennant une pièce de monnaie. Croit-on que la pièce représente le pain livré? Non. Cette pièce n'est que la constatation d'un prêt fait à la société, dans la personne d'un de ses membres, à la condition expresse que la société rende, sur la présentation de cette pièce, au prêteur, en choses ou objets à son choix, l'équivalent du pain livré. Ainsi, ce que nous appelons *vente*, n'est qu'un prêt fait à la société. Dès lors, on nous concédera que *vendre*, *prêter*, ou faire *crédit*, sont trois différentes manières d'exprimer le même acte.

Qui a de l'argent peut échanger, a du crédit ; donc l'argent est un signe d'échange, de crédit. Qui a des meubles ou des immeubles peut échanger, avoir de l'argent, du crédit ; donc les meubles, les immeubles peuvent devenir ou fournir des signes de crédit.

Mais le travailleur qui ne possède aucun des trois signes de crédit dont nous venons de parler, ne peut se procurer, acquérir les instruments de travail. De sorte qu'il se trouve dans cette cruelle alternative : ou de donner la plus grande partie de sa production à celui qui lui fournit les instruments de travail, — et qui, de cette manière, peut consommer sans produire, peut devenir parasite, — ou de rester lui-même sans produire, ce qui est encore plus préjudiciable à la société.

Le crédit est donc le moyen donné par la société, *à tous ses membres*, de se procurer les instruments de travail.

Frappé de cette vérité que tout travail rendu impossible par le manque de crédit cause une perte très-sensible à la société, on a reconnu l'impérieuse nécessité de fonder le crédit public sur des bases s'éloignant le moins possible de la gratuité absolue, la société ne devant pas, ne pouvant pas se faire payer le bien qu'elle se fait.

Des écrivains célèbres, convaincus que le crédit privé, en donnant une puissance d'action irrésistible à quelques membres de la société, est l'agent le plus redoutable de ce furieux antagonisme appelé *concurrence*, demandent l'abolition du capital; car de la concurrence naissent la fraude en faveur des privilégiés, la spoliation pour beaucoup, et la mort pour quiconque essaie une lutte impossible.

Il ne faut pas croire que l'abolition du capital entraîne le retrait de la circulation du numéraire existant. La monnaie, le numéraire, comme nous l'avons dit, est un signe d'échange, de crédit, rien ne s'oppose donc à ce qu'il soit conservé. Abolir le capital, signifie détruire l'*intérêt* du capital. Cette signification est celle que Proudhon attache à une formule qui, disons-le, a été interprétée, commentée, défigurée de bien des manières, mais peu ou point comprise.

Proudhon dit, dans les statuts de la *Banque du Peuple* :

« Toute matière est fournie gratuitement à l'homme par la nature ;

« Ainsi, dans l'ordre économique, tout produit vient du travail, et, réciproquement, tout capital est improductif;

« Toute opération de crédit se résolvant en un échange, la prestation des capitaux et l'escompte des valeurs ne peuvent et ne doivent donner lieu à aucun intérêt. »

Mais, hâtons-nous de le dire, Proudhon a posé en principe la gratuité absolue du crédit et cependant il ne l'admet que dans un temps plus ou moins éloigné. Ceci résulte de l'article 55 des statuts de la *Banque du Peuple*. Nous citons cet article en entier :

« Provisoirement cet intérêt, commission comprise,
« est fixé à 2 pour cent l'an. Il sera réduit peu à peu et
« à mesure des progrès de la société. »

Nous pensons, nous, que, quant à présent, les instruments de travail doivent être mis aux mains des travailleurs, par la République, aux conditions les plus réduites. En d'autres termes, nous pensons que le crédit public peut approcher très-près de la gratuité et cependant donner encore à la République des recettes considérables, et capables de réduire presque à zéro les charges qui pèsent actuellement sur les contribuables, sur les travailleurs.

Il n'est pas impossible que, dans un avenir plus ou moins éloigné, le crédit devienne complètement gratuit; car, qu'on ne l'oublie pas, la vérité, c'est l'harmonie qui gouverne les mondes, et l'harmonie, c'est le bonheur de tous les êtres. S'il pouvait en être autrement, si le désordre, *quelque ancien qu'on puisse le supposer*, pouvait l'emporter sur l'ordre naturel, l'Univers ne serait bientôt qu'un affreux pêle-mêle de corps s'entre détruisant mutuellement !

D'ailleurs, chaque découverte est une vérité de plus, tirée du grand livre de la nature, destinée à reculer les bornes du possible, à agrandir le domaine de l'humanité et à élever un peu plus haut les sociétés dans l'échelle du progrès.

Mais continuons nos déductions.

Le travail seul produisant les choses utiles à la vie, il

importe peu que les monnaies soient faites d'un métal plus ou moins précieux, PUISQUE CE MÉTAL NE PEUT JAMAIS TENIR LIEU DE LA PRODUCTION, *puisque ce métal ne peut que faciliter les échanges ;* mais il importe beaucoup que le signe du crédit soit sacré pour tous, reconnu par la société comme la constatation infaillible du crédit que chacun peut faire au porteur du signe. Mais, enfin, il importe que le signe du crédit soit le signe de la production.

Une pièce de monnaie, ou un signe quelconque de crédit doit indiquer que celui qui en est porteur concourt pour une certaine quantité, à la production générale, et que, en échange de ce service, la société doit lui fournir une portion, précisément équivalente au crédit dont il justifie, des productions dont il peut avoir besoin pour vivre.

Le crédit de chaque citoyen, dans notre hypothèse, est le signe certain de son importance comme producteur. Celui qui produit beaucoup peut et doit avoir beaucoup de crédit; le signe du crédit augmente ainsi en proportion de la production. De plus, ce signe doit être simple, facile à transporter ET SURTOUT DIFFICILE A CONTREFAIRE.

Si les choses en étaient arrivées à ce point, l'émulation qui en résulterait serait extrêmement avantageuse à la société dont la richesse augmenterait rapidement. Tous les citoyens auraient la possibilité de produire, il n'y aurait donc là rien de semblable à la concurrence individuelle.

Enfin, si chacun possédait les instruments de travail, nous n'aurions jamais eu sous les yeux le spectacle si affligeant d'enfants attelés à la charrue, côte-à-côte d'un cheval ! (1)

Nous nous proposons d'exposer un plan général d'organisation du crédit public. Dans ce plan, nous faisons entrer cinq institutions qui, en définitive, n'en forment qu'une seule qu'on pourrait appeler INSTITUTION NATIONALE DU CRÉDIT PUBLIC.

---

(1) Le fait que nous avançons ici, nous en avons été le témoin, il n'y a pas un mois encore, dans notre fertile Touraine, à quelques kilomètres de Tours.

Banque Hypothécaire.

Nous avons dit : « Celui qui a des immeubles peut avoir du crédit. » La chose est rigoureusement vraie, mais il arrive souvent que le crédit impose au propriétaire de telles charges qu'il se voit forcé de vivre maigrement du fruit d'un travail peu productif, ingrat, sans pouvoir améliorer sa situation en livrant à la société une plus grande quantité de produits, ou des produits de meilleure qualité. En d'autres termes, le crédit se vend fort cher, produit peu, souvent rien, quelquefois des dettes. Aussi les plus intelligents cultivateurs s'abstiennent d'avoir recours à un crédit si onéreux. Nous y perdons cependant beaucoup. C'est surtout l'agriculture qui souffre d'une si déplorable situation. Chacun sait que la terre ne produit qu'à force de culture, d'engrais, de soins, et encore ne produit-elle pas toujours ! le moindre accident peut détruire une récolte entière !

Les bénéfices des cultivateurs sont d'autant plus faibles que l'argent est plus cher. Le capital ruine le sol.

Les dettes du cultivateur, du paysan, portent des fruits amers. C'est la saisie : les récoltes ne pouvant presque jamais acquitter l'intérêt du capital prêté ! C'est l'expropriation, toujours ou presque toujours, insuffisante pour faire rentrer le prêteur dans son capital !

Voici donc la position du producteur :

Point de crédit ou un crédit mortel à ses intérêts, mortel à la société elle-même, qui perd d'autant plus qu'elle manque de produits ; à la société, qui souffre d'autant plus que le producteur se trouve arrêté, entravé, dans sa mission de nourrir tous les citoyens.

On ne saurait trop le répéter, la société a le plus grand intérêt à ce que le crédit du producteur ne soit jamais en danger, jamais menacé. La production doit être entourée de toutes les garanties possibles ; car, il faut y songer, la population augmente (1).

Si la production restait stationnaire, il serait ridicule de parler d'améliorations ; il faudrait seulement penser à se préserver d'un sort plus misérable, à se prémunir contre de terribles fléaux : la famine et la peste, ces calamités des temps féodaux !

Le progrès continu, incessant, est donc la loi de toute société. Malheur à celle qui méconnaît sa raison d'être, car les plus terribles maux sont la punition de sa révolte contre les lois naturelles !

La vie matérielle est le premier des besoins. Rendre cette vie possible, l'améliorer même, il n'y a là qu'un simple instinct de conservation commun à tous les êtres.

Comment se ferait-il que l'homme, l'être le plus intelligent de la création, en serait venu à dédaigner de

---

(1) D'après la statistique officielle, la population s'accroît annuellement de 200,000 âmes. Et, d'après le calcul des excédants annuels de naissances, les 36 millions d'habitants que compte la France, arriveront à 72 millions dans 140 ans.

prendre soin de son existence ? Non , la passion ne peut l'aveugler à ce point !

Bientôt, nous sentirons la nécessité d'assurer l'avenir en nous montrant plus soucieux des intérêts présents de l'agriculture.

Le sol de la France contient 53,452,600 hectares de superficie. La statistique officielle évalue à 4 milliards 527 millions de francs; la production agricole générale. C'est une consommation de 125 francs, par an, à attribuer à chacun des 36 millions d'habitants qui forment la population de la France. Mais en réalité la répartition du revenu ne se fait point également entre les consommateurs. Consultons encore la statistique officielle et nous verrons qu'un TIERS de la population prend à lui seul les DEUX TIERS du revenu total, tandis que les DEUX AUTRES TIERS de la population n'ont QU'UN TIERS de ce revenu à leur disposition. Un exemple fait mieux ressortir ce fait : trois personnes doivent partager 3 francs , mais la première prenant à elle seule 2 francs, il ne reste plus QU'UN FRANC pour les deux autres.

S'il en est ainsi , si la statistique donne les vrais chiffres de la répartition des produits, un tiers de la population , soit 12 millions d'habitants, prend les deux tiers du revenu de la production agricole, c'est-à-dire 3 milliards 84 millions 600 mille francs. Il ne reste plus pour les deux autres tiers de la population , c'est-à-dire pour 24 millions d'habitants, que 1 milliard 442 millions 400 mille francs. Ce qui ne porte la part de chacun de ces 24 millions qu'à 60 francs !

De pareils chiffres sont tristement éloquents. Ils nous montrent que la production est loin d'atteindre le niveau des besoins actuels. Ils nous crient de tourner nos regards vers la terre, du sein de laquelle nous pouvons faire jaillir des richesses immenses, de véritables richesses ; du sein de laquelle nous pouvons faire sortir, en abondance, toutes les choses utiles à la vie des Peuples. Mais tout cela ne peut se réaliser qu'à une condition : celle d'être tous solidaires, celle de réunir en un seul faisceau les forces éparses de la société pour accomplir le grand travail auquel notre propre intérêt nous convie. Toutes ces forces réunies, la solidarité acceptée par tous, le crédit apparaît.

Le sol ne produit pas assez ; le cultivateur n'a pas les moyens de combattre les causes qui s'opposent à une production plus abondante. Mettons donc aux mains du cultivateur le plus puissant des leviers, l'instrument qui peut centupler les forces de l'homme par la possession de bestiaux, d'engrais, de machines, d'intelligence et de savoir. Cet instrument à nom *crédit*.

Le propriétaire qui aurait besoin de crédit, en ferait la demande à l'administration de la banque hypothécaire. Celle-ci ferait estimer les propriétés du demandeur, puis elle constaterait que tout citoyen pourrait faire crédit à ce demandeur jusqu'à une somme qui pourrait être portée aux deux tiers de l'avoir réel. Ensuite, pour mettre cette constatation sous les yeux du public, intéressé à connaître la position de chaque citoyen, l'administration détacherait d'un livre à souche les billets formant la somme à laquelle s'élèverait le crédit obtenu.

Ainsi, voilà le cultivateur nanti de titres justifiant son crédit. Tout le monde comprend que la Banque de France n'agit pas autrement et qu'une banque hypothécaire n'est pas une idée neuve, mais la généralisation d'une idée déjà mise en pratique dans le commerce que la Banque de France a le privilége de créditer, *à gros intérêts*, au profit de ses actionnaires.

Les billets d'une banque hypothécaire doivent produire un faible intérêt, 2 p. 0/0 au plus. Une partie de cet intérêt servirait à payer les frais de l'administration du crédit public. D'ailleurs, la valeur immobilière s'élevant à environ 47 milliards de francs, — voyez la statistique — il s'en suit que le crédit ainsi organisé pourrait jeter dans la circulation une quantité considérable de signes d'échange; il s'en suit qu'une impulsion, inconnue jusqu'ici, serait donnée aux travaux de toutes sortes.

Et, de plus, l'administration recueillerait annuellement, à 2 p. 0/0, 940 millions de francs.

Cependant, nous ne supposons pas que la totalité de la valeur foncière puisse s'immobiliser. Portons seulement à 20 milliards de francs la quantité de bons hypothécaires mis en circulation, quantité énorme eu égard à la totalité de notre numéraire actuel, et nous pourrons encore trouver 400 millions de francs, tout en donnant à l'agriculture le plus magnifique essor qu'imagination ait jamais rêvé !

Il est bien entendu que les bons hypothécaires sont remboursables à volonté. Mais il est presque certain qu'on ne songerait guère à rembourser une somme de 100 francs frappée de deux francs d'intérêt. Rembourser, ce serait se priver, sans aucune compensation, d'un bénéfice beaucoup plus élevé que l'intérêt à payer.

Ainsi organisé, le crédit peut devenir l'instrument le plus puissant de la production, le moyen le plus sûr d'augmenter la richesse publique.

La statistique officielle porte la récolte d'une année moyenne en froment à 957 millions de francs, ce qui donne pour la ration journalière de chacun des 36 millions de Français, 7 centimes ! Mais ce calcul est fait sur le prix de 20 francs l'hectolitre. Si nous le faisons en adoptant le prix actuel, environ 43 francs, nous trouverons que la ration ne s'élève qu'à 4 centimes et demi !

Nous demanderons maintenant aux plus incrédules, en matière de réformes, s'ils pensent qu'il est temps d'encourager, d'augmenter la production par des institutions de crédit ?

Les bons hypothécaires deviendraient une monnaie d'échange très-facile à transporter et d'*une contrefaçon quasi-impossible*.

Nous avons adopté le taux de 2 p. 0/0 comme assez modéré pour notre époque, mais nous pensons que ce taux devrait s'abaisser graduellement, pour se rapprocher le plus possible de la gratuité absolue, à mesure de l'augmentation de la richesse publique. Le temps est, à cet égard, le meilleur des conseillers. D'ailleurs, ce taux de 2 p. 0/0 n'est pas susceptible d'augmentation par suite de frais quelconques, puisque notre plan les supprime tous, sans exception.

Une remarque que nous pourrions nous dispenser de faire, c'est que la banque hypothécaire, légèrement modifiée, pourrait s'appliquer aux propriétés mobilières et, de cette manière, procurer à ceux qui ne possèdent que des meubles les avantages du crédit à bon marché.

———

Banque Nationale d'Escompte.

Dans une question aussi importante que celle de l'organisation du crédit public, il est impossible d'oublier les exigences du commerce dont la plupart des transactions se font à l'aide du papier.

La création d'une Banque Nationale pour l'escompte des valeurs commerciales nous paraît indispensable. Les valeurs, présentant des garanties suffisantes, seraient reçues dans tous les bureaux de la Banque en échange de billets de banque. Il ne serait perçu, pour tous frais, qu'un escompte de 2 p. 0/0.

Nous ne chercherons point à démontrer l'utilité d'une Banque Nationale d'escompte : la vérité ne se démontre point, elle apparaît comme la lumière aux yeux de tous. Il nous suffira de dire qu'avec une pareille institution le commerce pourrait prendre des proportions bien autres que celles que nous lui connaissons. On peut même assurer que la Banque d'escompte produirait encore un heureux résultat, celui de rendre les faillites, sinon tout-à-fait impossibles, du moins beaucoup plus rares ; celui de débarrasser le laborieux industriel des soucis, des craintes, qu'inspire toujours la possibilité de voir protester, à échéance, les valeurs qu'il tient de ses correspondants.

Avec une Banque d'escompte, toutes ces valeurs sont échangées contre des billets de banque ayant cours légal, et, si, à l'échéance, le souscripteur ne paie pas, les endosseurs peuvent, en payant annuellement l'escompte, obtenir tout le temps nécessaire à leur libération. Ce temps précieux donne aussi au souscripteur la facilité de se libérer sans frais.

Pour faciliter l'échange des valeurs commerciales, nous voudrions qu'il y eut un bureau d'escompte dans chacun des cantons de la République.

Avec le système des banques particulières, si le souscripteur ne paie pas à jour fixe, l'endosseur est contraint de rembourser. Et ce n'est qu'après ce remboursement qu'il peut tenter, à l'aide de poursuites rigoureuses et ruineuses, de rentrer dans ce qui lui est dû. Quelquefois cependant, moyennant de solides garanties, l'endosseur obtient du répit. Mais à quelles conditions? Les commerçants le savent trop bien !

Par suite des renouvellements, l'escompte s'élève au moins à 8 p. 0/0.

Et encore ne parlons-nous que de l'escompte loyalement fait !

Nous n'hésitons pas à affirmer que la plupart des faillites du petit commerce prennent leur source dans la nécessité où il se trouve d'avoir recours aux banques privées.

La Banque Nationale d'escompte détruit toutes les causes de ruine que nous venons de signaler, et le commerce jouit d'une institution bienfaisante mise à la portée de tous les genres de négoce.

On sait que les banques privées escomptent annuellement pour 20 milliards de francs d'effets de commerce.
La Banque Nationale d'escompte pourrait donc fournir
aux finances de la République, à 2 p. 0/0, une recette de
400 millions de francs.

Mais le crédit étant organisé, la production devenant
plus considérable et le commerce plus étendu, nos prévi-
sions ne tarderaient point à être dépassées.

Nous n'avons point l'intention d'entrer dans de plus
amples détails d'organisation. Nous n'avons point, non
plus, la prétention d'exposer une idée complètement
neuve. Nous savons parfaitement que des tentatives ont
été faites à une autre époque dans le but d'établir une
Banque Générale, ce qui n'est pas tout-à-fait la même
chose qu'une banque d'escompte. Si nous avions pu
oublier ce fait historique, le nom de Law, que les plus
instruits d'entre nos adversaires n'eussent pas manqué
de nous rappeler, nous aurait promptement rendu la
mémoire.

Cependant, beaucoup de citoyens *lettrés* parlent de
Law et de son système financier en aveugles, ou à peu
près. Est-ce qu'ils ignoreraient que Law tenta de mettre
ses projets à exécution sous le gouvernement de Philippe
d'Orléans, prince à jamais célèbre par ses prodigalités
et ses débauches ; sous son digne ministre, le traître
Dubois, archevêque, cardinal et surtout compagnon d'or-
gies du régent ! Est-ce qu'ils ignoreraient que Law mit
à la disposition du régent deux millions de francs, en
numéraire, qu'il fit passer d'Italie en France ! Est-ce
qu'ils ignoreraient que malgré les ruineuses dépenses du
régent, Law fonda la célèbre compagnie des Indes Occi-
dentales ? Est-ce qu'ils ignoreraient que, malgré les

obstacles suscités par les Anglais, l'insatiable besoin d'argent du régent et les odieuses tramès ourdies par d'Argenson, Law parvint à faire face à la plus déplorable situation financière dont l'histoire ait conservé le souvenir ! Est-ce qu'ils ignoreraient, enfin, que si Law échoua dans une si noble entreprise, la faute doit en être imputée aux *nobles*, aux hommes du gouvernement d'alors, les plus corrompus d'entre les corrompus !

Les vices honteux du régent dévorèrent les plus belles conceptions de Law. Quant à cet esprit hardi et audacieux, il quitta la France presque aussi pauvre que Job.

Assurément Law commit de grandes fautes. La principale, ce fut de laisser au régent une trop grande autorité dans l'administration de la Banque Générale. La principale, ce fut de croire à la probité d'un prince dont l'histoire a justement flétri la mémoire.

Il y a des gens de bonne foi qui confondent le système de Law et celui des assignats. Nous les prions de considérer que la banque de Law date de 1718, tandis que les assignats, dont nous n'avons rien à dire ici, furent décrétés le 22 novembre 1789, c'est-à-dire près de 70 ans plus tard !

De tout ce que nous venons de dire, il ne faudrait point conclure que nous proposons d'établir un système financier entièrement semblable à celui de Law. Non, car nous voulons jouir du profit du temps et des progrès accomplis dans une période de plus d'un siècle. Ce que nous avons dit de Law n'avait d'autre but que de prévenir des objections malveillantes et fausses sur presque tous les points.

D'ailleurs, le mécanisme de notre Banque Nationale est loin de ressembler à celui de la banque de Law.

Dans notre système, la Banque Nationale se borne à échanger les valeurs à plusieurs signatures contre un signe de crédit, contre des billets ayant cours légal ; elle se borne à escompter des valeurs. Les endosseurs garantissent la solvabilité du souscripteur.

Quels risques la société pourrait-elle courir par suite d'une pareille institution? Est-ce que les banques privées opèrent autrement? Et cependant nous ne pensons pas qu'elles compromettent autre chose que la bourse, que les intérêts des citoyens !

Une Banque Nationale d'escompte ne crée pas de valeurs, elle échange les valeurs du commerce. Voilà tout.

Enfin, le mécanisme que nous avons indiqué, est assez simple pour que nous priions nos concitoyens d'y réfléchir sans se laisser influencer par les récriminations des intéressés ou des ignorants, convaincu que nous sommes qu'ils sauront apprécier les intérêts moraux et matériels que présente une pareille institution.

Des Assurances générales par la Société, par l'État.

———

Une société n'existe qu'en vertu du principe de solidarité. La négation du même principe accuse l'existence d'êtres isolés, sauvages, vivant et travaillant, chacun pour soi, sans lien social, sans civilisation.

Tout commencement de civilisation implique forcément la reconnaissance, dans les faits sociaux, du principe de solidarité.

Les différentes compagnies, formées dans le but d'assurer les diverses sortes de propriétés contre les risques de destruction, n'étaient point assurément guidées par l'envie de créer une institution sociale : elles ne voyaient dans cette œuvre qu'un riche filon à exploiter, qu'une affaire commerciale susceptible de rapporter de beaux bénéfices. Mais les gouvernements, en autorisant ces compagnies, ont dû reconnaître l'utilité de l'institution ; donc, ils ont admis, sans s'en douter, la solidarité, même en ce qui concerne les intérêts les plus privés, les plus individuels. Plus tard, la solidarité se montra plus lumineuse encore : *la mutualité fut généralement préférée.*

Il faut donc voir dans ces quelques faits l'application de la solidarité à certains événements de la vie privée.

de la vie individuelle. Il faut donc conclure de ces quelques faits que les principes sont des lois tellement naturelles que les gouvernements despotiques ne peuvent se dispenser de les faire intervenir même dans les questions où leur intérêt, l'individualisme, voudrait pouvoir les repousser.

Aujourd'hui, les assurances sont regardées comme l'institution la plus utile, la plus féconde en heureux résultats. Pourquoi la société entière ne formerait-elle pas une vaste compagnie d'assurances mutuelles contre tous les risques, contre tous les périls, même contre les maladies ?

Ce qui est bon entre les mains des compagnies particulières pourrait-il devenir mauvais entre les mains de la société entière ?

En prenant un caractère général, les assurances sont destinées à changer la face de la terre.

Ne différons pas plus longtemps : assurons à chaque citoyen la possession entière du crédit auquel sa production lui donne droit, crédit qui peut lui être enlevé par l'affaiblissement de sa santé, l'anéantissement de sa récolte, de ses bestiaux, de ses meubles ou de ses immeubles.

Le principe des assurances générales par la société, par l'Etat, entré dans le domaine des faits, n'est que la reconnaissance de l'existence logique de la société ; or, cette existence logique, cette solidarité, les gouvernements l'ont reconnue en autorisant la formation des compagnies particulières ; donc, il n'y a plus possibilité, même de la part d'un gouvernement quelconque, de nier l'utilité des assurances générales. Cependant, à celui qui affirmerait encore que les hommes peuvent vivre sans se prêter un mutuel appui, nous répondrions : Toute société est une association, et toute association suppose nécessairement un intérêt commun. De plus, chaque sociétaire a droit à une part des avantages que procure l'association. En dehors de ces principes, il n'y a plus de société, plus d'association. Il n'y a que fraude plus ou moins habilement déguisée.

Ainsi, les assurances générales par la société ne sont qu'un corollaire de l'existence de la société. On ne saurait même concevoir la société sans cette utile institution.

Avec un système complet d'assurances, le vigneron et le cultivateur ne craignent plus ni la gelée ni la grêle ! Le propriétaire, le marchand et l'industriel ne craignent plus l'incendie ! L'ouvrier malade ne craint plus la misère !

Nous voudrions que tous les genres de propriétés détruites par des accidents physiques que l'homme ne peut conjurer, fussent payées intégralement. Et malgré d'aussi puissantes garanties, nous croyons fermement que la société trouverait encore dans les assurances une partie importante des sommes nécessaires à l'établissement de son budget.

Notre intention n'est point d'examiner des questions de détail, d'application ; montrer le but, la possibilité, la nécessité de l'institution, telle est la tâche que nous avons entreprise. La question de la quotité des primes à payer n'entre point dans notre plan ; nous laisserons à chacun le soin de chercher telle hypothèse qu'il croira bonne ; mais nous nous arrêterons sur un point fondamental : celui du capital assurable. Pour l'évaluation de ce capital, nous prendrons nos chiffres dans les documents publiés par le Gouvernement ; malgré cette préeaution, nous savons qu'il est impossible de regarder les nombres qui vont suivre comme rigoureusement exacts. Nous croyons cependant pouvoir affirmer que ces nombres seront constamment au-dessous de la vérité.

En établissant, aussi approximativement que possible, le capital assurable, nous donnerons à tout citoyen doué d'un peu d'intelligence la possibilité d'estimer les ressources qu'on pourrait créer aux finances de la République par les assurances générales.

Voici le tableau des principales valeurs assurables (1):

Production agricole. ⁄ . ,   4 milliards 527 millions.
Bestiaux. . . . .   2 milliards 245 millions.
Propriétés bâties . . . . . 18 milliards 750 millions.

Total . . . . . 25 milliards 520 millions.

Il reste à évaluer la production industrielle.

La statistique officielle porte le revenu total de la France à plus de 12 milliards de francs. Mais il faut en déduire :

Production agricole . . .   4 milliards 527 millions.
Revenu des propriétés bâties. 0   id.   750 millions.
Revenu des bestiaux, environ . . . . 1 milliard 000

Total . . . . . 6 milliards 277 millions.

C'est donc à environ 6 milliards qu'il faut porter la production industrielle. C'est donc encore une valeur de 6 milliards de francs — en marchandises — qu'il faut ajouter à 25 milliards 520 millions, soit 31 milliards de

____

(1) Ces différentes valeurs sont données par la statistique officielle.

francs. Mais il faut songer qu'une industrie donnant pour
6 milliards de francs de produits dispose d'un matériel
assurable d'une valeur fort élevée.

Nous ne chercherons point à porter à un chiffre quelconque le matériel industriel assurable. Nous aimons
mieux négliger quelques milliards de-francs que de nous
exposer à exagérer nos chiffres. En agissant de cette manière, nous espérons que le public nous saura gré de
nos scrupules en si grave matière.

Notre calcul ne comprend ni l'Algérie, ni les colonies,
ni la marine marchande dont les navires sont assurables.

Arrêtons-nous. Laissons à nos concitoyens le soin de
réfléchir sur les résultats sociaux que les assurances générales sont appelées à fournir à la société, et sur
les bienfaits qui doivent en découler pour les cultivateurs,
les commerçants, les industriels et les travailleurs.

L'idée de cette belle institution est généralement ré-
pandue. Il appartient aux mandataires du Peuple, aux
véritables amis de la démocratie, d'en préparer la mise
en pratique, car toute défectueuse qu'on puisse la supposer d'abord, à sa naissance, elle n'en sera pas moins la
première application de la plus puissante combinaison
sociale; elle n'en sera pas moins le premier pas sérieu-
sement fait dans la voie de la solidarité, seule raison
d'être des sociétés.

Récépissés de Marchandises.

L'institution des récépissés de marchandises aurait un double but, produirait un double effet. D'abord, elle viendrait en aide au producteur dans les temps difficiles en favorisant l'écoulement des produits du sol et de l'industrie ; ensuite, elle faciliterait les échanges en mettant le producteur en rapport plus direct avec le consommateur. En d'autres termes, elle mettrait les produits de toute espèce sous les yeux du consommateur qui se trouverait ainsi plus à la portée des choses dont il a constamment besoin.

Les échanges seraient rendus plus faciles.

C'est donc encore une institution de crédit.

Qu'on se garde bien de confondre les récépissés de marchandises avec les reconnaissances des Monts-de-Piété, institutions qui ne datent pas d'hier et qui sont jugées depuis longtemps.

Chacun sait que les Monts-de-Piété prêtent sur gages, à gros intérêts.

Il y a en France quarante-six Monts-de-Piété dont le capital s'élève à 49 millions de francs, ils font pour 60 millions de prêts à des taux divers. Trente-six de ces établissements prêtent au-dessus de 5 pour cent. Dans ce nombre, il y en a qui prêtent à 12 et même à 15 pour cent ! (1)

Comme on le voit, c'est de l'usure de la pire espèce.

Il ne peut donc entrer dans l'esprit de la démocratie de suivre une pareille voie.

La société, avons-nous dit, doit à chacun les instruments de travail ; par conséquent nous repoussons d'une manière absolue les prêts sur gages.

Tout citoyen a droit au crédit ; le seul gage qu'il doive donner à la société, c'est son travail, c'est sa production.

Les lois doivent toutes concourir à cet heureux résultat : la fin de la paresse et de l'oisiveté.

Le crédit social n'est pas un prêt plus ou moins usuraire, c'est un droit acquis à chaque individu, car c'est la constatation des services rendus à la société par des citoyens actifs, laborieux, intelligents, savants, en un mot, c'est la rémunération d'une œuvre quelconque utile à la société.

Nos lecteurs sont avertis ; ils ne feront aucun rapprochement, même indirect, entre les idées que nous allons émettre, entre les récépissés de marchandises et les Monts-de-Piété.

Nous continuons donc à développer notre projet.

Lorsque les magasins, les celliers ou les greniers du producteur sont encombrés de produits ; lorsque les signes de crédit sont sortis de ses mains en échange des choses nécessaires à la production, le producteur rede-

---

(1) Ces documents, comme les précédents, sont tirés de la statistique.

vient impuissant, si la consommation ne vient promptement lui enlever les produits qui résultent de son travail.

On voit souvent des producteurs manquer de tout à côté de marchandises s'élevant à des sommes considérables ; on voit souvent des fabricants, des cultivateurs, poursuivis pour de faibles sommes qu'ils ne peuvent payer quoique possédant de grandes quantités de produits.

Pour tirer le producteur d'une position si précaire et pour généraliser complètement les salutaires effets du crédit, on pense qu'il serait utile de créer de vastes dépôts cantonaux, véritables bazars, dans lesquels tout producteur serait admis à déposer les produits dont il voudrait se défaire en échange de récépissés ayant cours légal, comme signes d'échange, de crédit.

Ces produits seraient estimés par l'administration spéciale des dépôts cantonaux ; la valeur, fixée au cours du jour, n'en serait pas payée en entier aux déposants. Il pourrait être retenu un quart ou un cinquième de cette valeur pour faire face aux éventualités de baisse.

Enfin, l'administration délivrerait pour les trois-quarts ou les quatre-cinquièmes, selon l'hypothèse qu'on voudra adopter, de la valeur réelle en billets ou récépissés de marchandises ; puis l'administration effectuerait la vente des produits ainsi déposés dans les bazars et l'excédant du prix de la vente sur l'estimation, s'il y avait excédant, serait payé aux déposants.

Comme les bons hypothécaires, les récépissés de marchandises ne devraient donner lieu qu'à une perception d'un droit de 2 p. 0/0 sur la somme prêtée, sur le crédit constaté.

Quant au remboursement des récépissés, il pourrait avoir lieu, dans un délai uniforme pour toute la France, dans tous les bureaux de la République.

L'établissement de pareils dépôts serait très-avantageux aux consommateurs qui trouveraient réunis dans un même lieu, et à des prix modérés, toutes les choses utiles à la vie. Les produits pourraient ainsi passer sans intermédiaires du producteur au consommateur, ce qui contribuerait singulièrement à diminuer les charges de la vie, tout en favorisant la production. Ce serait, en un mot, résoudre le problème de la vie à bon marché.

Il est difficile d'évaluer les ressources que les récépissés de marchandises pourraient procurer au budget de la France. Une pareille appréciation est quasi impossible pour le moment. Les productions industrielles et agricoles s'élèvent à une valeur de plus de 10 milliards de francs. Les produits échangés contre des récépissés pourraient donc atteindre un chiffre fort élevé.

Il résulterait d'une pareille institution des bienfaits incalculables pour l'industrie, qui ne redouterait plus les crises ; et, pour le budget, des ressources qui ne sont pas à dédaigner.

Les objections contre les institutions de crédit se ressemblent toutes, toutes, naissent du froissement des intérêts privés. La meilleure institution, la plus profitable à la République, soulèverait les clameurs de ceux dont la position serait tant soit peu froissée.

Une vérité qu'il faut proclamer bien haut, qu'il faut enseigner avec le plus grand soin, c'est que l'intérêt privé doit s'incliner respectueusement devant l'intérêt général ; car la grande famille, la société, en adoptant des réformes nécessaires, vraiment utiles, agit dans l'in-

térêt même de ceux qui peuvent en éprouver un préju-
dice momentané.

Toute institution nouvelle amène des perturbations
dans les usages, dans les habitudes, même dans les po-
sitions individuelles. Le devoir d'une bonne administration serait de transformer les institutions de manière à
produire le bien sans déchirements.

Mais il est des époques où, malheureusement, les gouvernants sont atteints d'une sorte de vertige funeste.
A ces époques, les destinées des peuples s'agrandissent,
des horizons inconnus apparaissent tout-à-coup, et
l'inauguration d'une ère nouvelle blesse, hélas! bien des
individualités.

Telle est cependant la loi naturelle qui transforme les
sociétés, loi qui force, souvent par des catastrophes, les
nations à suivre le cours régulier de toutes choses, la
marche irrésistible de l'esprit et même de la matière. Il
en résulte toujours une organisation sociale plus en
rapport avec le *milieu* dans lequel nous sommes destinés
à vivre.

Cette force irrésistible, cette loi immuable à laquelle
rien ne saurait résister, c'est le PROGRÈS.

Malgré les ébranlements causés par les transforma-
tions sociales, par les révolutions, le plus sage est encore de s'y conformer avec intelligence, de se transformer le plus complètement possible, afin de pouvoir vivre
dans ce *milieu* que Dieu, par le travail incessant de l'esprit, nous fait entrevoir comme plus favorable à l'avenir des enfants des hommes, au bonheur de l'humanité!

Caisse de Retraites.

L'ensemble des institutions de crédit que nous avons rapidement indiquées, dans ce court exposé de l'organisation du crédit public, devrait former un tout bien homogène. Aucune de ces institutions ne devrait fonctionner de manière à nuire à l'une quelconque de ses sœurs; car, toutes, elles ne doivent former qu'une grande institution : L'INSTITUTION NATIONALE DU CRÉDIT PUBLIC.

Comme la banque hypothécaire, les assurances générales, la banque nationale et les récépissés de marchandises ne forment pas un tout complet, nous ajouterons à ces quatre chapitres de l'organisation du crédit public, celui d'une caisse de retraites en faveur des vieillards et des invalides sans ressources.

La société doit du crédit à ceux de ses membres qui ne sont plus capables de s'en procurer par les moyens ordinaires, par la production. Il n'y a dans cette affirmation que la simple mise en pratique du principe que nous avons reconnu être la raison d'existence de toute société, que la mise en pratique de la solidarité. Ce moyen — une caisse de retraites — nous semble le plus logique de tous ceux proposés pour arriver à l'extinction du paupérisme;

il a, en outre, l'avantage de se fondre dans le plan de l'organisation du crédit public, par la raison que retraiter un travailleur âgé ou infirme, c'est lui restituer le crédit que l'âge ou la maladie lui a enlevé. Dès lors, nous le préférons à tout autre. Et, encore, il est conforme à la dignité de l'homme qu'il relève à ses propres yeux ; ce seul motif doit suffire pour que ce moyen soit exclusivement adopté.

Dans une véritable société, pourrait-on abandonner les vieillards et les infirmes aux chances de l'aumône volontaire? Pourrait-on, sans cruauté, les livrer aux caprices des individualités? Non, la morale le défend.

Mais en droit, la société pourrait-elle refuser à celui qui l'a nourrie pendant de longues années, le pain de ses vieux jours? Non, mille fois non.

L'homme ne peut avoir une condition plus misérable que les bêtes auxquelles Dieu prodigue l'herbe des champs !

La statistique accuse une population de deux millions de vieillards ; mais le nombre des retraites serait loin de comprendre la totalité de ces vieillards.

D'ailleurs, le budget actuel trouve bien la possibilité de rétribuer grassement une armée de plus de CINQ-CENT MILLE employés !

Aujourd'hui, sans caisse de retraites, les vieillards indigents doivent vivre, soit des aumônes des bureaux de charité, soit des dons volontaires des citoyens. Donc, ce que nous proposons, n'est qu'une meilleure organisation, qu'une manière plus digne de pourvoir aux besoins de ceux de nos semblables qui ne le peuvent par eux-mêmes, qu'un moyen de relever la dignité de certains de nos frères qu'on a trop longtemps traités comme des bêtes incommodes dont on se débarrasse à l'aide d'un morceau de pain.

Enfin, l'organisation du crédit public, telle que nous l'entendons, aurait encore l'avantage de moraliser la population.

Chacun ayant la possibilité de produire, la fainéantise pourrait être traitée très-sévèrement.

La société aurait le droit d'user d'une grande sévérité envers les mendiants.

La jeunesse ne serait plus exposée à sucer, avec le lait de la mère, des habitudes de mendicité qui abrutissent l'espèce, qui détruisent le plus beau des attributs de l'humanité : la dignité, l'estime de soi-même.

Combien de malheureux ont reçu de leurs parents l'amour de cette vie humiliante, dégradante, qui consiste à parcourir les populations laborieuses en tendant la main ! Combien de ces malheureux ont fini par trouver fort naturel ce qui est le comble de l'avilissement !

La société n'aurait pas dû laisser infliger à ses enfants une pareille humiliation. Le mal existe, c'est vrai ; mais le remède existe aussi. Pourquoi ne pas l'employer ?

Lorsque le remède aura été appliqué, si quelques récalcitrants à la loi commune, au travail, venaient encore tendre honteusement la main, nous aurions le droit d'y déposer, dans cette main, le manche de la bêche ou du marteau en leur disant : Voilà, frères, la seule aumône que désormais la société fait à ses fils !

Tel est le plan d'organisation du crédit public que la démocratie pourra bientôt réaliser, nous le croyons fermement. Ce plan, nous le livrons aux amis de l'humanité, les priant de considérer que, disciple du progrès continu, nous n'entendons point renoncer au bénéfice de l'étude et du temps.

Si quelques-uns de nos concitoyens pouvaient puiser dans ce modeste travail une foi plus vive dans l'avenir que la démocratie réserve aux Peuples, nous serions, nous, pauvre travailleur du champ de l'idée démocratique, assez satisfait de notre journée.

Nous terminerons en donnant un aperçu général des impôts actuellement prélevés, sous plusieurs formes, sur la France.

TABLEAU DES IMPÔTS ACTUELS :

Budget général.	1 milliard 500 millions.
Dette hypothécaire, sur 12 milliards d'inscriptions, à 8 1/2 p. 0/0, frais compris	0 milliard 960 millions.
Effets de commerce, 20 milliards, escomptés à 8 p. 0/0, non compris les frais de procédure	1 milliard 600 millions.
Assurances de toutes sortes.	*mémoire.*
Usure.	*mémoire.*
Frais de procédure	*mémoire.*
Octrois	*mémoire.*
TOTAL	4 milliards 060 millions.

Ainsi, sans compter les primes prélevées par les différentes compagnies d'assurances, sans compter l'usure, sans compter les frais de procédure, sans compter les droits d'octrois, — et d'autres impôts que nous om⁻ ⁻⁻

tons — il est encore prélevé sur la société un impôt de plus de 4 milliards de francs !

Avec notre organisation du crédit public, on pourrait se créer les ressources suivantes :

Banque hypothécaire, opérant sur 20 milliards de francs, au moins, à 2 p. 0/0. 400 millions.

Banque nationale d'escompte, opérant sur 20 milliards de francs, à 2 p. 0/0. 400 millions.

Assurances générales, opérant sur un capital que nous ne voulons pas fixer . . *mémoire.*

Récépissés de marchandises. . . . . . . *mémoire.*

Nous pensons qu'il ne serait pas difficile de trouver un budget d'un milliard de francs dans les bénéfices que donnerait l'organisation du crédit public. Et un budget d'un milliard est suffisant : on le prouverait.

Tous les autres impôts se trouveraient ainsi supprimés. La société ferait une économie de plus de 3 milliards de francs !

Il ne faudrait pourtant pas croire que la République en fût réduite aux seules ressources que nous venons d'indiquer. On se tromperait grossièrement.

Si nous considérons que les grandes voies de circulation, telles que lignes de fer, canaux, etc., sont des instruments sociaux desquels dépend la prospérité de la nation, nous admettrons sans aucune difficulté que la société ne peut livrer à la spéculation privée les artères qui portent la vie dans les différentes parties du corps social; nous serons forcés de conclure que la société doit conserver par devers elle ces grands instruments de la prospérité publique, ces grands agents de la civilisation qui, aujourd'hui, sont abandonnés à des individualités dont l'unique ambition se borne à faire rendre le plus d'argent possible à la société, qui se trouve ainsi tributaire des compagnies.

Nous ne pouvons entrer plus avant dans la discussion de cette importante question de l'exploitation par l'Etat, par la société, des lignes de fer, des canaux, etc., nous nous éloignerions de notre but ; mais nous ne pouvions nous dispenser d'indiquer, à la suite de notre plan d'organisation du crédit public, des réformes qui deviendront très-productives, et que la démocratie devra réaliser prochainement, non seulement dans l'intérêt de ses finances, mais dans celui de la société entière.

Les lignes de chemins de fer construites, ou en construction, ont nécessité une dépense de plus de 2 milliards de francs.

La recette brute très-probable sera de 200 millions de francs, desquels il faut déduire 100 millions pour frais d'exploitation, ou 50 p. 0/0.

Il reste donc encore un intérêt très-probable de 5 p. 0/0.

Conclusion.

———

Nous croyons que notre plan d'organisation du crédit public répond aux exigences de l'époque actuelle. Et, comme nous avons reconnu au progrès seul le droit de présider aux destinées des humains, en les conduisant, par degrés, vers un milieu plus conforme à leurs besoins, on comprendra que nous entendons réserver à l'avenir le choix de moyens plus favorables aux exigences qui devront se manifester ultérieurement.

La banque hypothécaire permet à tous les possesseurs de meubles et d'immeubles d'obtenir le crédit nécessaire à leur industrie présente ; mais ce crédit se développera infailliblement et graduellement, au profit de tous, en même temps que le travail, que la production.

La banque nationale d'escompte satisfait le commerce qu'elle préserve de bien des faillites et qu'elle délivre à jamais de l'usure.

L'association est encore un moyen puissant d'augmenter, en faveur de l'ouvrier, les chances de crédit, puisque les effets de commerce créés par les associations d'ouvriers seraient facilement escomptés, échangés, contre des signes généraux de crédit ayant cours légal.

Les assurances générales garantissent à chacun le fruit de son travail, de son labeur. Demander la réalisation de cette idée si féconde en bons résultats sociaux, c'est tout simplement se conformer aux prescriptions de la morale et se faire l'interprète de la conscience générale.

L'institution des récépissés de marchandises garantit à l'artisan, à l'ouvrier, au cultivateur, à l'industriel, la possibilité d'obtenir, sur dépôt de marchandises, un crédit à bon marché et, en outre, facilite la solution de cet important problème: mettre le producteur en rapport plus direct avec le consommateur, c'est-à-dire, diminuer les frais de la vie.

Enfin, avec une caisse de retraites, plus de vieillards abandonnés dans le besoin, plus d'invalides sans ressources et surtout plus de mendiants !

Cette plaie du paupérisme, si honteuse pour l'humanité, se trouverait ainsi guérie et la société en recueillerait honneur et profit.

Nous entendons déjà la voix des fatalistes murmurer :
« Le mal est de toute éternité. Les vices sont inhérents
« à l'espèce humaine. Vouloir sortir des sentiers connus,
« c'est folie. Les sociétés tournent dans un cercle infran-
« chissable ! »

Blasphèmes que toutes ces funestes théories. Conceptions absurdes de cerveaux malades qui n'ont jamais su apercevoir que les extrêmes en toutes choses. Pour eux, l'excès du mal ou l'idéal de la perfection: il n'y a pas de milieu. Leur esprit est incapable de concevoir un monde pratique se dirigeant en vue d'intérêts collectifs, et susceptible de donner, de plus en plus, satisfaction aux besoins des temps et des lieux.

Comme si, de l'un à l'autre de ces deux extrêmes, la

route de la vie des peuples ne contenait pas une infinité de points qui sont comme les étapes que l'esprit humain doit parcourir sous peine de s'amoindrir, de périr en chemin.

Cette route nous montre, dans les profondeurs des âges passés, les abîmes de l'ignorance et tous les maux qu'elle engendre.

Hâtons-nous de fuir ce hideux tableau et de remonter vers un riant avenir !

L'homme ne peut avoir la prétention d'atteindre à la perfection, c'est une vérité ; mais s'il franchit quelques-unes de ces étapes de la route de l'avenir, il satisfait à la loi du progrès.

Désespérer de pouvoir améliorer notre position matérielle et morale, c'est un crime.

Les révolutions nous enseignent, depuis bientôt trente ans, que l'esprit de fraternité a pris de profondes racines dans le Peuple.

Juillet 1830 et Février 1848 ont livré les ennemis du progrès aux masses victorieuses. Qu'en est-il résulté de fâcheux pour ces incorrigibles adversaires de toute réforme sociale ?

FIN.

Note.

Plusieurs citoyens nous ont demandé comment une banque nationale d'escompte pourrait procurer aux ouvriers le crédit dont ils ont besoin pour acquérir les instruments de travail.

Nous prions ces citoyens de relire le chapitre de la banque nationale d'escompte, et ils verront que les valeurs créées par les producteurs sont échangées contre des signes généraux de crédit.

D'accord avec Proudhon, nous voulons que la banque nationale reçoive, *forcément*, toutes les *valeurs faites*, c'est-à-dire à plusieurs signatures.

Tous les frais que nécessite actuellement le recouvrement des lettres de change, sont supprimés, et le remboursement des effets créés par les producteurs n'est point exigé à jour fixe.

Il y a, comme on le voit, sécurité entière pour le souscripteur et pour l'endosseur.

Table des Matières.

Tours, Imp. de F. BIDEAUX.